Par Etienne Hacken

Le travail et la technique

lePetitPhilosophe.fr

Associez chaque citation à l'explication qui lui correspond.

Choisissez un sujet bac et construisez le plan de votre dissertation en y associant, si possible, certaines des citations et des explications reprises ci-dessus.

INTRODUCTION

Les notions de **travail et de technique** sont étroitement **liées à l'homme** :

- leur évolution influence la manière dont celui-ci se perçoit et se définit ;
- la répartition du travail et l'introduction de nouvelles techniques sont déterminantes dans le fonctionnement d'une société et donc dans la vie de ses membres.

Actuellement, les sociétés contemporaines européennes font face à des **problèmes inédits de chômage**, ce qui était impensable au temps des sociétés traditionnelles où chacun trouvait naturellement sa place. Mais pourquoi le chômage est-il problématique ? Parce que tout homme est obligé de travailler, qu'il ait envie ou non ? Parce que les machines ont pris la place des hommes ? Parce que la division du temps de travail est mal répartie ? ...

De la même manière, **le développement technologique** est lui aussi au centre du débat politique puisque :

- d'une part, **il met en péril l'équilibre écologique de la planète** ;
- d'autre part, **il provoque la nature humaine** en la poussant à constamment se dépasser. Pensons à la médecine qui repousse chaque année l'espérance de vie ou encore au développement de l'intelligence artificielle.

Au secours de ces défis politiques, la philosophie nous permet de comprendre que les problèmes liés aux notions de travail et de technologie sont dépendants de la façon dont nous définissons ces concepts et, par conséquent, de la manière dont nous les associons à la nature humaine. En effet, le travail et la technique poseront forcément problème si nous les considérons comme appartenant à la nature humaine. Mais sont-ils un prédicat nécessaire du sujet humain ?

<u>Niveaux de lecture :</u>

*** : incontournable

** : à ne pas négliger

* : pour approfondir

APPROCHE DE LA NOTION

LE TRAVAIL COMME RÉALISATION DE LA NATURE HUMAINE

Travail et raison ***

Le travail est **une des activités par laquelle l'homme peut manifester son potentiel rationnel** :

- soit ses facultés rationnelles lui permettent de se projeter dans la réalisation d'un travail ;
- soit la nécessité de réaliser une tâche stimule sa capacité réflexive.

Le travail pousse donc l'homme à contrôler ses pulsions, ses passions, et à développer une maitrise de soi (de son corps ou de ses capacités intellectuelles) et de son environnement. Dans ce sens :

- non seulement l'homme rationnel s'humanise par le travail,
- mais il est aussi capable d'humaniser la nature, en la transformant selon ses besoins et désirs.

Comme l'explique **Georg Wilhelm Friedrich Hegel** (1770-1831) dans *La Phénoménologie de l'esprit* (1807), le travail consiste à construire rationnellement des moyens de discipliner la nature.

Travail et liberté ***

Parce que le travail permet à l'homme d'exercer sa raison, il le rend aussi libre. Hegel montre, à travers la dialectique du maitre et de l'esclave, que **c'est effectivement celui qui travaille qui est réellement libre**. La liberté signifiant la possibilité d'être autonome et indépendant, et donc de modeler la nature selon ses désirs, le maitre ne peut être libre puisqu'il ne sait pas travailler par lui-même : il est dépendant de son esclave dont il reçoit passivement les produits du travail. Ainsi, les rôles s'inversent : le maitre devient l'esclave et l'esclave devient le maitre. En transformant la nature, ce dernier extériorise sa conscience et se réalise ainsi lui-même en tant qu'homme, accédant par là même à la liberté (citation 1). Le travail en général (indépendamment des conditions de travail) est donc une condition de la liberté.

C'est d'autant plus vrai dans la société actuelle, la République française étant inscrite dans une logique libérale-capitaliste. Dans un système fondé sur l'échange de l'argent (et non plus sur l'échange direct de biens et de services tels une caisse de pommes contre deux cabillauds), si l'homme veut être libre, donc autonome et indépendant, il doit nécessairement travailler pour gagner de l'argent. En travaillant, il se crée un capital financier suffisant pour pouvoir assurer ses besoins vitaux, se loger, éduquer ses enfants, se cultiver, faire du sport, etc., et ainsi construire sa vie comme il l'entend.

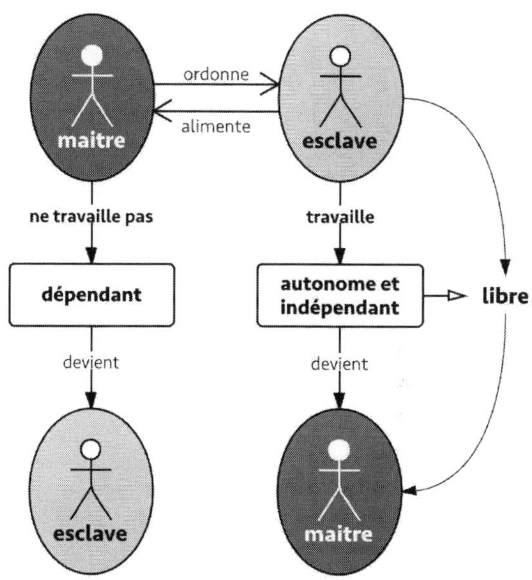

maitre
esclave
ordonne
alimente
ne travaille pas
travaille
dépendant
autonome et indépendant
libre
devient
devient
esclave
maitre

concurrence des entreprises et, de manière générale, la suprématie de l'économie.

Travail et société *

Affirmer que l'homme aspire à être indépendant et autonome ne signifie pas qu'il doive tendre vers l'autarcie ! Au contraire, **ce n'est qu'au sein d'une société bien réglée que l'homme peut se réaliser lui-même** sans dépendre entièrement d'une personne. Or une société bien réglée est une société où tout le monde dépend de tout le monde et, plus précisément, où **le travail de chacun dépend du travail des autres**.

En effet, toute réalisation d'un travail individuel repose sur des échanges et une collaboration étroite avec autrui : on imagine mal que l'installateur Internet doive lui-même construire ses tournevis, coudre son uniforme, trouver du cuivre pour faire ses câbles, ouvrir une banque pour garder ses économies, etc. Bref, cette interdépendance entre les activités des membres d'une société nous amène à penser que **le travail est un vecteur de socialisation**. L'importance de l'apprentissage corrobore cette idée : même si le travail est la manifestation de notre rationalité, pour être efficace, il vaut mieux s'instruire auprès d'experts avant de se lancer dans la construction d'une maison.

Dans *De la division du travail social*, le sociologue français **Émile Durkheim** (1858-1917) explique que les sociétés modernes se caractérisent par ce qu'il appelle **la solidarité organique**.

Celle-ci repose sur la répartition des tâches : chaque individu remplit une fonction propre qui lui permet de se différencier, de s'individualiser, mais tous les hommes sont indispensables à la vie de la collectivité, de manière analogue aux différents organes d'un corps biologique. Ainsi, plus le travail est divisé, plus les hommes dépendent les uns des autres et, simultanément, plus leur activité leur est propre <u>(citation 2)</u>.

Le travail, un moyen d'affirmation pour l'homme ***

Le travail participe à la spécificité de l'homme d'être à la fois un individu rationnel, libre et social. Dit autrement, le travail n'est pas la caractéristique la plus fondamentale de l'homme, mais un moyen pour lui d'affirmer ses caractéristiques authentiques.

Karl Marx (1818-1883) considère, dans sa *Critique du programme du parti ouvrier allemand* (1875) :

- que le travail est d'abord une condition nécessaire à notre survie biologique,
- mais qu'il doit aussi être une activité naturelle épanouissante, ce qui n'est possible selon lui que dans une société communiste.

Connu pour son engagement en faveur des travailleurs, Marx est à l'origine du mouvement de lutte des classes ouvrières contre la bourgeoisie et le capitalisme. Il prône **l'abolition de la privatisation des moyens de production qui engendre l'exploitation et l'aliénation**. L'homme devrait pouvoir manifester ses qualités naturelles et assurer les conditions matérielles nécessaires à faire vivre son foyer en travaillant, sans être exploité et sans être aliéné :

- il y a exploitation si, une fois que les couts de production et les capitaux investis sont remboursés, le chiffre d'affaires d'une entreprise n'est pas entièrement redistribué entre les travailleurs ;
- il y a aliénation lorsque le travailleur ne comprend pas la finalité de son travail, lorsque le sens de ce qu'il fait lui échappe – une conséquence possible de la division et de la spécialisation du travail. Son activité se rapproche dangereusement de celle d'une machine : son énergie, sa force, sa dextérité sont achetées par un employeur qui peut lui assigner un travail dénué de signification. Il est aliéné, dénaturalisé, autre que lui-même (citation 3).

L'histoire de l'humanité est décrite par Marx comme **une lutte incessante entre deux classes** :

- ceux qui détiennent les moyens de production, les propriétaires,
- et les travailleurs, qui vendent leur force de travail.

Ce n'est que lorsque l'opposition entre ces classes atteint son apogée (ce qui est le cas dans le système capitaliste) que peut avoir lieu une révolution capable d'abolir la lutte des classes. Cette abolition marquerait alors **l'émergence d'une société communiste dans laquelle le travail serait non seulement le moyen de vivre, mais surtout permettrait à l'homme de s'épanouir** (citation 4).

C'est certainement un idéal difficilement réalisable ; néanmoins, il reste encore aujourd'hui un horizon de pensée pour les politiques et les syndicats qui défendent les droits des travailleurs en exigeant des conditions minimales de travail (les congés payés, des uniformes adéquats, etc.).

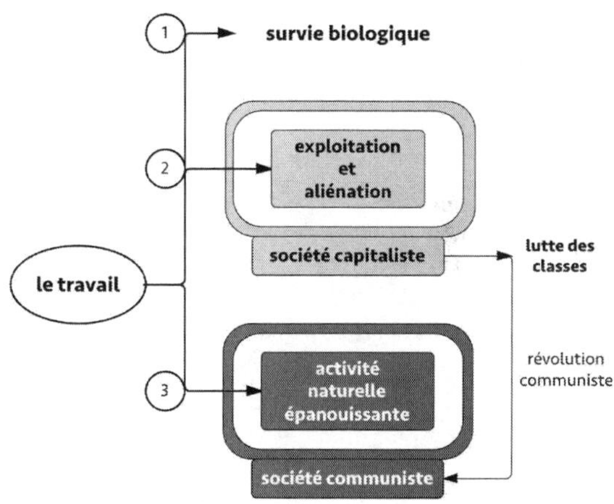

LE CARACTÈRE PÉNIBLE ET CONTRAIGNANT DU TRAVAIL

Le travail en Grèce antique : distinction entre travail manuel et intellectuel **

Il est de coutume de considérer que c'est en Grèce antique qu'est née l'idée de la démocratie. Toutefois, le fonctionnement de la société démocratique grecque reposait sur l'exploitation d'esclaves qui n'avaient presque aucun droit politique. Plus précisément, **les esclaves étaient sollicités afin d'accomplir l'ensemble des tâches manuelles afin que les citoyens puissent se consacrer aux tâches intellectuelles** de la cité comme la politique, les sciences de la nature ou la contemplation.

Cette distinction entre travail manuel et travail intellectuel repose sur **une compréhension dualiste de la nature humaine** qui fait de l'âme et du corps deux entités distinctes :

- le corps est le lieu des passions et des vices, soumis à la dégradation temporelle ;
- l'âme est le siège de la raison et des connaissances universelles, destinée à approcher au plus près le monde des Idées de **Platon** (427-347 av. J.-C.) ou le juste milieu d'**Aristote** (384-322 av. J.-C.).

Dès lors, en Grèce antique, **toute activité ne faisant pas appel à l'âme et à la réflexion était considérée comme dégradante** et réservée aux individus dont on estimait que, par nature, ils n'étaient pas capables de développer des compétences intellectuelles : les esclaves.

L'héritage chrétien : la pénibilité du travail *

La tradition chrétienne a par la suite renforcé l'image négative qui était associée au travail. Alors que dans le jardin d'Éden, l'homme avait à disposition tout ce dont il avait besoin pour vivre sans devoir travailler, sa condamnation à demeurer sur Terre après avoir mangé le fruit interdit exprime bien **la pénibilité pour l'homme de devoir travailler** dans ce monde.

Dieu chasse Adam du jardin d'Éden pour l'envoyer cultiver la terre, en lui rappelant que c'est de là qu'il vient : **parce qu'il est mortel, l'homme doit obligatoirement travailler pour vivre**, pour satisfaire ses besoins vitaux (« C'est à la sueur de ton visage que tu mangeras du pain, jusqu'à ce que tu retournes dans la terre, d'où tu as été pris [...]. », Genèse, III, 17-23). Dès lors, le travail est la condition pénible de notre existence biologique. Rappelons d'ailleurs au passage l'étymologie du terme « travail », *tripalium*, qui désigne un instrument de contrainte par lequel on attachait le bétail.

Le labeur comme contrainte existentielle ***

À partir de la distinction aristotélicienne entre la *theôria* (la spéculation), la *praxis* (l'action) et la *poiésis* (la fabrication, le travail), **Hannah Arendt** (1906-1975) distingue :

- **le labeur**, qui a comme seule fin la nécessité de **satisfaire nos besoins et d'entretenir la vie**. En ce sens, cette activité est liée à notre nature animale et biologique, elle n'est pas choisie et elle est donc opposée à la liberté. Par ailleurs, le labeur est également une activité éphémère puisque son produit est destiné à être consommé. Il n'est dès lors qu'une infinie répétition monotone ;
- **l'œuvre**, la manifestation de notre spécificité humaine. Œuvrer consiste à **construire librement un monde culturel**, à dépasser les conditions naturelles de l'existence animale. Nous pouvons associer à cette activité les métiers intellectuels et manuels qui contribuent au développement de la société.

Arendt confirme à travers cette distinction le caractère

pénible du travail, du labeur : nous sommes prisonniers de notre nature biologique qui nous contraint à travailler (citation 5). Mais jusqu'où sommes-nous soumis à cette exigence ?

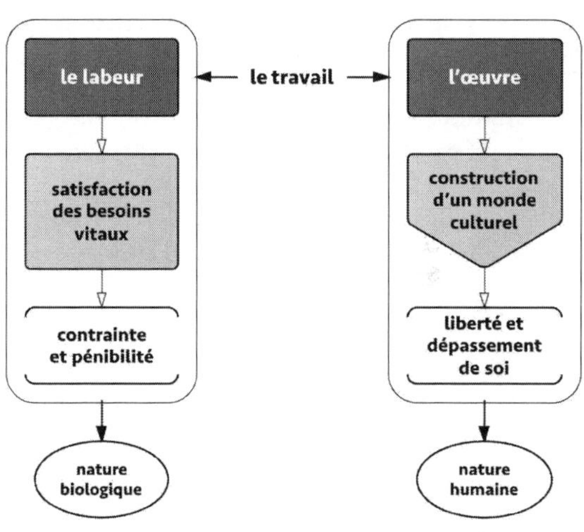

La division du travail, le travail à la chaine ou l'homme-machine **

L'effervescence industrielle, technologique et économique au XVIIIᵉ siècle modifie profondément le concept de travail :

- d'une part, il ne consiste plus uniquement à manifester le caractère rationnel, libre et social de l'individu ;

- d'autre part, il ne repose plus seulement sur la nécessité biologique d'entretenir la vie.

Le travail devient le moyen de faire des bénéfices pour soi-même ou pour un tiers. Dès lors, on tente de produire à moindre cout et de rationaliser au maximum les moyens de production des entreprises en développant les technologies et en imposant la division du travail.

Adam Smith (1723-1790), un philosophe économiste écossais, s'est penché sur la division du travail, notamment à travers une étude sur la fabrication des épingles : selon ses chiffres, si un individu devait fabriquer, tout seul, des épingles dans une manufacture, il serait capable d'en produire 20 par jour alors que si nous divisions cette production complexe en dix tâches simples (dresseur, empointeur, tourneur, repasseur, entêteur, etc.), la même manufacture pourrait produire jusqu'à 48 000 épingles pour le même laps de temps !

Poussée à son excès, **la division du travail connait des dérives importantes** : le travail humain n'est plus perçu que comme un moyen de faire des bénéfices et l'homme devient un outil de production, un homme-machine dénué d'intelligence (citation 6). Mais l'évolution de la technique ne pourrait-elle pas le soulager de ces tâches aliénantes ?

LA TECHNIQUE EST-ELLE LIBÉRATRICE OU DESTRUCTRICE ?

Retour aux origines : la technique au secours de l'homme ***

Comme l'indique **Platon** dans son récit du mythe de Prométhée et d'Épiméthée, **l'homme a dû avoir recours à la technique afin de pouvoir rivaliser avec les qualités naturelles des autres animaux** qui peuplaient la terre.

> **BON À SAVOIR :**
>
> Dans la mythologie grecque, **Prométhée et Épiméthée** sont des titans, des divinités primordiales géantes.

Lorsqu'Épiméthée répartit les qualités entre les êtres de la nature, il partagea la force, la rapidité, les ailes, les cornes, etc., entre les animaux sans rien laisser aux hommes. Dès lors, afin de réparer l'erreur de son frère, **Prométhée vola la technique du feu aux dieux et la donna aux hommes** (Zeus le condamna pour cela à se faire manger le foie par un aigle tous les jours). À partir de là, **ceux-ci purent fabriquer des outils**, considérés comme le prolongement de leurs bras, pour pallier leurs faiblesses, dans le but de se défendre, de chasser, de se nourrir, etc.

S'il n'avait eu que ses forces physiques, nettement moindres que celles des autres animaux, l'homme n'aurait pu survivre. Mais l'invention des outils n'assure pas seulement la

subsistance de l'homme : elle le rend également maitre de
la nature.

Dans ce sens, **Henri Bergson** (1859-1941) considère même
que **le propre de l'intelligence humaine est sa capacité
à développer des outils** : selon lui, l'intelligence, dans sa
démarche originelle, est la faculté de fabriquer des objets
artificiels, en particulier des outils, et d'en varier indéfiniment la fabrication afin d'accroitre sa maitrise autant sur la
nature que sur l'homme lui-même (citation 7).

La technique moderne ou la domination de la nature *

Pour **Aristote** et ses contemporains, la notion de *technê*
désignait les beaux-arts et les arts utiles (l'artisanat). Afin
de préciser cette notion, Aristote distingue aussi **les actions
pratiques, la *praxis*, et les actions techniques, la *poiésis*.**
Ainsi, la plupart des activités artisanales, nécessitant
l'emploi d'outils et un savoir-faire particulier, doivent être
considérées comme appartenant à la *poiésis*, au monde de
la technique.

Martin Heidegger (1889-1976) souligne la grande qualité de
la poiésis : elle **a la vertu de révéler la nature de l'étant,
autrement dit de dévoiler son être**. L'étant désigne la
manifestation d'un objet, car nous ne saisissons jamais
l'être « en soi » d'un objet. Ainsi lorsqu'un artisan fabrique
un étant, une chaise en bois par exemple, il dévoile l'être
profond de cet étant, de cette chaise, dans le sens où l'on
est capable d'y reconnaitre l'être du chêne à l'origine de la
chaise. De manière générale, la technique, dans l'Antiquité,

jouit donc de la capacité à manifester le potentiel latent de la nature en dévoilant son être par la production technique d'un étant. Autrement dit, elle peut révéler une sorte de vérité cachée de la nature.

À l'inverse, **la technique moderne**, appelée « *gestell* » par Heidegger, ne consiste plus à révéler une vérité voilée : c'est **un moyen utilisé en vue de dominer la nature**. Dès lors, le philosophe définit la technique moderne comme une provocation envers la nature puisqu'elle permet à l'homme d'en devenir le maitre. Elle est en ce sens dans un rapport de violence avec la nature. Autrement dit, son action est destructrice, comme le montre l'anéantissement de centaines d'hectares de la forêt amazonienne chaque jour.

De plus, l'étant créé par la technique moderne perd sa référence à l'être profond de l'objet : une chaise en plastique ne dévoile plus le potentiel latent de la nature. Les étants créés sont extrêmement éloignés de leur être profond. Dans ce sens, la technique moderne est oubli de l'être.

La technique comme entrave à la liberté de l'homme *

Le **XXIe siècle** est certainement **le siècle le plus technique qu'a connu l'homme**. Les services que lui rendent les technologies (assemblage d'outils destinés à être utilisés par d'autres outils) et les avancées que celles-ci permettent sont énormes : communication sans frontières, moyens de transport de plus en plus confortables, cuisines suréquipées, découvertes spatiales, progrès médicaux, etc.

Toutefois, si ces développements technologiques augmentent le confort physique et la durée de la vie, participent-ils nécessairement à une augmentation de la qualité de la vie ? Et jusqu'où la technique doit-elle assister l'homme, voire lui épargner de travailler ?

La science-fiction propose une multitude de scénarios dans lesquels les hommes sont libérés du travail nécessaire à leur survie biologique : **l'ensemble des activités pénibles indispensables à l'entretien de la vie est confié aux machines/robots techniques**. Si cette hypothèse peut sembler séduisante au premier abord, on peut cependant y lire une formulation moderne de la dialectique du maitre et de l'esclave de Hegel : l'esclave est remplacé par les machines, alors que les hommes occupent la place du maitre. Dans une telle situation, **l'homme ne serait pas libre, mais totalement dépendant de la technique**.

De plus, un monde surdéveloppé technologiquement induirait une hyper spécialisation du travail où le travailleur ne serait plus capable que de comprendre une petite partie de l'objet de son activité. Dans ce contexte, la technique ne pourrait plus être considérée comme révélatrice du niveau d'intelligence de l'homme, car celui-ci ne serait plus en mesure de saisir le sens de ce qu'il fait.

Les conséquences de la technique sur la nature **

On peut également émettre certaines réticences vis-à-vis de la technique du point de vue environnemental : **les conséquences écologiques des nouvelles technologies sont difficilement prévisibles**. Doit-on pour autant se refuser à toute découverte technique par excès de prudence ?

Cette interrogation a été reprise et formalisée par le philosophe allemand **Hans Jonas** (1903-1993) dans *Le Principe de responsabilité. Une éthique pour la civilisation technologique* (1979). Il part du constat que **l'homme de la seconde moitié du XXe siècle a, pour la première fois dans l'histoire, la possibilité de s'autodétruire** grâce à l'invention de la bombe atomique (citation 8).

Selon Jonas, **toute évolution technique est acceptable si elle est en mesure d'assurer un monde viable pour les générations futures**. Le philosophe établit une distinction entre :

- le risque, qui caractérise une action dont les conséquences sont mesurables, estimables, quantifiables : l'alpiniste prend des risques en escaladant une montagne, car il sait qu'il peut avoir une crampe ou un étourdissement, mais, comme c'est estimable, il sait qu'il doit s'échauffer et bien se nourrir avant d'entamer son ascension ;
- le danger, au contraire, qualifie une action dont les conséquences sont inconnues, aléatoires, indéfinissables : l'alpiniste pratiquant du hors-piste se met en danger, car il ne sait pas si la roche qu'il escalade peut s'effriter, il n'y a pas de procédure de sauvetage prévue dans cette zone, la difficulté de la voie n'a jamais été évaluée, etc. Jonas en conclut que les évolutions technologiques qui représentent un danger doivent être évitées.

EN RÉSUMÉ

Non seulement le travail permet à l'homme d'exercer sa raison, mais il est aussi une condition de la liberté humaine, comme l'illustre **Hegel** dans la dialectique du maitre et de l'esclave : celui qui travaille est libre de modeler la nature selon ses désirs.

Selon l'idéal de **Marx**, le travail est nécessaire à la survie de l'homme, mais il doit également lui permettre de s'épanouir.

Le travail peut aussi être perçu comme pénible, comme c'est le cas des travaux manuels dans la Grèce antique ou comme le suggère la tradition chrétienne de même que le concept de labeur chez **Arendt**.

Au XVIIIe siècle, le travail est avant tout un moyen de faire des bénéfices : dans cette optique, on voit apparaitre la division du travail. Selon **Smith**, l'homme est ainsi réduit à n'être qu'une machine dénuée d'intelligence.

Platon explique l'origine de la technique : l'homme a eu recours à la technique pour rivaliser avec les qualités naturelles des animaux et pouvoir survivre.

La technique est dès lors, aux yeux de **Bergson**, l'un des critères d'évaluation de l'intelligence d'une société et le moyen pour l'homme de s'émanciper.

Heidegger accuse pour sa part la technique moderne, par opposition à l'artisanat de l'Antiquité, de provoquer la nature en cherchant à la dominer.

Enfin, **Jonas** souligne le péril que la technique représente pour les générations futures et insiste pour que nous distinguions le risque du danger.

Votre avis nous intéresse !
Laissez un commentaire sur le site de votre librairie en ligne
et partagez vos coups de cœur sur les réseaux sociaux !

POUR ALLER PLUS LOIN

- ARENDT (Hannah), *La Condition de l'homme moderne*, traduction de Georges Fradier, Paris, Pocket, 1988.
- BERGSON (Henri), *L'Évolution créatrice*, Paris, PUF, 1996.
- CLÉMENT (Élisabeth) *et alii*, *La Philosophie de A à Z*, Paris, Hatier, 2000.
- COURTINE-DENAMY (Sylvie), *Hannah Arendt*, Paris, Belfond, 1994.
- DURKHEIM (Émile), *De la division du travail social*, Paris, PUF, 1967.
- HEGEL (Georg Wilhelm Friedrich), *La Phénoménologie de l'esprit*, tome I, traduction de Jean Hyppolite, Paris, Aubier Montaigne, 1941.
- HEIDEGGER (Martin), « La question de la technique », in *Essais et conférences*, traduction d'André Préau, Paris, Gallimard, 1958.
- HERSCH (Jeanne), *L'Étonnement philosophique*, Paris, Gallimard, 1993.
- HUISMAN (Denis) et VERGEZ (André) (dir.), *Histoire des philosophes illustrée par les textes*, Paris, Nathan, 1996.
- JONAS (Hans), *Le Principe de responsabilité*, traduction de Jean Greisch, Paris, Le Cerf, 1990.
- KOJÈVE (Alexandre), *Introduction à la lecture de Hegel*, Paris, Gallimard, 1980.
- La Bible, Segond 21, Genève, Société biblique de Genève, 2007.
- MARX (Karl), « Critique du programme du parti ouvrier allemand », in *Œuvres, Économie, I*, traduction de Maximilien Rubel, Paris, Gallimard, 1965.

- MARX (Karl), *Fondement de la critique de l'économie politique (Ébauche de 1857-1858)*, traduction de Roger Dangeville, tome 1, Paris, Anthropos, 1967.
- MARX (Karl), *Le Capital*, traduction de Joseph Roy, Paris, Gallimard, 2008.
- MARX (Karl), *Manuscrits de 1844*, traduction de Jacques-Pierre Gougeon, Paris, GF-Flammarion, 1996.
- NIETZSCHE (Friedrich), *Aurore*, traduction d'Eric Blondel, Ole Hansen-Love et Théo Leydenbach, Paris, GF-Flammarion, 2012.
- PLATON, *Protagoras*, Paris, GF-Flammarion, 1997.
- SIMONDON (Gilbert), *Du mode d'existence des objets techniques*, Paris, Aubier Montaigne, 2012.
- SMITH (Adam), *Recherche sur la nature et les causes de la richesse des nations*, édition et préface de Gérard Mairet, Paris, Gallimard, 1976.
- WEIL (Simone), *La Condition ouvrière*, Paris, Gallimard, 2002.

ASSOCIEZ CHAQUE CITATION À L'EXPLICATION QUI LUI CORRESPOND.

Citation 1 : « En libérant l'Esclave de la Nature, le travail le libère donc aussi de lui-même, de sa nature d'Esclave : il le libère du Maître. Dans le Monde naturel, donné, brut, l'Esclave est esclave du Maître. Dans le Monde technique, transformé par son travail, il règne en Maître absolu. » (KOJÈVE [Alexandre], *Introduction à la lecture de Hegel*, Paris, Gallimard, 1980, p. 28)

Citation 2 : « [...] d'une part, chacun dépend d'autant plus étroitement de la société que le travail est plus divisé, et, d'autre part, l'activité de chacun est d'autant plus personnelle qu'elle est plus spécialisée. » (DURKHEIM [Émile], *De la division du travail social*, Paris, PUF, 1967, p. 100)

Citation 3 : « [...] en quoi consiste l'aliénation du travail ? D'abord, dans le fait que le travail est extérieur à l'ouvrier, c'est-à-dire qu'il n'appartient pas à son essence, que donc, dans son travail, celui-ci ne s'affirme pas, mais se nie [...]. » (MARX [Karl], *Manuscrits de 1844*, Paris, GF-Flammarion, 1996)

Citation 4 : « [...] quand le travail sera devenu non seulement le moyen de vivre, mais encore le premier besoin de la vie, [...] la société pourra écrire sur ses bannières "De chacun selon ses capacités, à chacun selon ses besoins !" » (MARX [Karl], « Critique du programme du parti ouvrier allemand », in *Œuvres, Économie, I*, Paris, Gallimard, 1965, p. 1420)

Citation 5 : « [Le] fardeau le plus ancien et le plus naturel [de l'humanité est] le fardeau du travail, l'asservissement à la nécessité. » (ARENDT [Hannah], *Condition de l'homme moderne*, Paris, Pocket, 1988, p. 37)

Citation 6 : « Un homme qui passe toute sa vie à remplir un petit nombre d'opérations simples [...] n'a pas lieu de développer son intelligence ni d'exercer son imagination [...]. » (SMITH [Adam], *Recherche sur la nature et les causes de la richesse des nations*, Paris, Gallimard, 1976, p. 327)

Citation 7 : « L'intelligence, envisagée dans ce qui en paraît être la démarche originelle, est la faculté de fabriquer des objets artificiels, en particulier des outils à faire des outils, et d'en varier indéfiniment la fabrication. » (BERGSON [Henri], *L'Évolution créatrice*, Paris, PUF, 1959, p. 99)

Citation 8 : « Agis de façon que les effets de ton action soient compatibles avec la permanence d'une vie authentiquement humaine sur Terre. » (JONAS [Hans], *Le Principe responsabilité*, Paris, Le Cerf, 1990, p. 40)

Explication a : le travail n'est pas qu'une nécessité vitale, il est aussi ce qui permet l'épanouissement de l'homme et, par-là, un besoin primaire de la vie humaine.

Explication b : il est possible d'évaluer le développement d'une civilisation en fonction de son aptitude à concevoir et à créer des outils, car c'est une caractéristique propre de l'intelligence humaine.

Explication c : la transformation de la nature par le travail rend l'homme autonome et indépendant, c'est-à-dire libre.

Explication d : il y a aliénation lorsque le travailleur ne comprend pas la finalité de son travail, lorsque le sens de ce qu'il fait lui échappe et qu'il est ainsi étranger à lui-même.

Explication e : le développement de nouvelles technologies doit respecter un principe de précaution qui préserve l'existence des hommes.

Explication f : le travail est une nécessité biologique et est pénible.

Explication g : l'homme est devenu, depuis la division du travail, un moyen de production dénué d'intelligence.

Explication h : l'existence de chaque individu repose sur la répartition des tâches dans la société, mais c'est aussi ce qui lui donne sa liberté puisque cette répartition lui permet de se spécialiser dans une activité.

Explication i : c'est grâce à sa faculté de fabriquer des outils que les hommes ont pu survivre et, davantage encore, se rendre maitres de la nature.

Explication j : la technique peut avoir pour effet d'entraver la liberté de l'homme si celui-ci devient dépendant vis-à-vis d'elle.

CHOISISSEZ UN SUJET BAC ET CONSTRUISEZ LE PLAN DE VOTRE DISSERTATION EN Y ASSOCIANT, SI POSSIBLE, CERTAINES DES CITATIONS ET DES EXPLICATIONS REPRISES CI-DESSUS.

- Le développement technique transforme-t-il les hommes ? (bac ES 2009)
- La technique s'oppose-t-elle à la nature ? (bac T 2009)
- Que gagnons-nous à travailler ? (bac ES 2007)
- Que vaut l'opposition du travail manuel et du travail intellectuel ? (bac S 2007)
- Qu'attendons-nous de la technique ? (bac ES 2005)
- Peut-on être esclave d'un objet technique ? (bac T 2004)
- Respecter la nature, est-ce renoncer à la transformer ? (bac T 2003)
- Le projet de maitriser la nature est-il raisonnable ? (bac T 2001)
- Le développement technique transforme-t-il réellement l'homme ? (bac T 2000)
- À quelles conditions une activité est-elle un travail ? (bac ES 1999)
- La liberté humaine est-elle limitée par la nécessité de travailler ? (bac S 1999)

Rendez-vous sur lepetitphilosophe.fr et découvrez :

Plus de 1200 analyses
Claires et synthétiques
Téléchargeables en 30 secondes
À imprimer chez soi

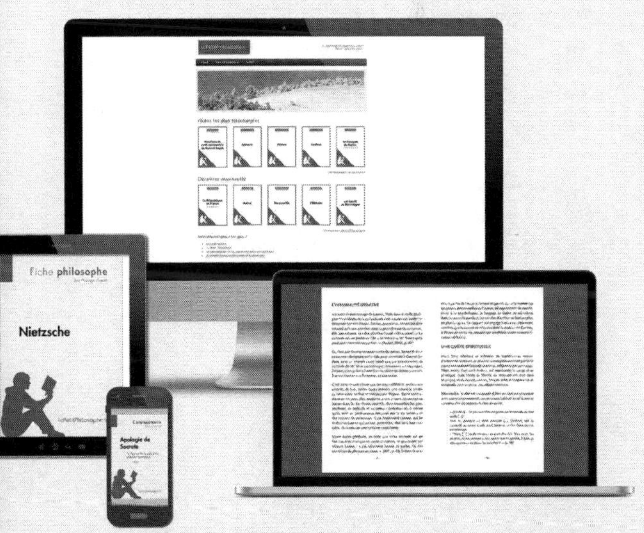

ISBN version numérique : 978-2-8062-4470-3
ISBN version papier : 978-2-8062-4432-1
Dépôt légal : D/2017/12603/562

Schémas réalisés par Alberto Molina Pérez, doctorant en philosophie des sciences (Université Paris I-Panthéon-Sorbonne)

Conception numérique : Primento,
le partenaire numérique des éditeurs.

Made in the USA
Monee, IL
07 July 2026